DE LA PRESCRIPTION

DE

L'ACTION EN RESPONSABILITÉ

CONTRE

LES ARCHITECTES ET ENTREPRENEURS

Paris. — Typ. Tolmer et Cie, 3, rue de Madame.

DE LA PRESCRIPTION

DE

L'ACTION EN RESPONSABILITÉ

CONTRE LES

ARCHITECTES ET ENTREPRENEURS

PAR

M. EDMOND BENOIT-LÉVY

Avocat à la Cour d'appel de Paris

Prix : 1 franc

PARIS — 1880

MARESCQ aîné, éditeur
20, rue Soufflot, 20

BAUDRY, éditeur
11, rue des Saints-Pères, 11

DE LA PRESCRIPTION

DE

L'ACTION EN RESPONSABILITÉ

CONTRE LES

ARCHITECTES ET ENTREPRENEURS

PAR

M. EDMOND BENOIT-LÉVY

Avocat à la Cour d'appel de Paris

PARIS — 1880

MARESCQ aîné, éditeur

20, rue Soufflot, 20

BAUDRY, éditeur

11, rue des Saints-Pères, 11

HOMMAGE

A

M. JULES PÉRIN

Avocat à la Cour d'appel de Paris,
Docteur en Droit, Archiviste-paléographe,
Suppléant du Juge de paix du Vᵉ arrondissement,
Officier de l'Instruction publique,
Secrétaire de la Société de protection des Apprentis.

Art. 1792.

Si l'édifice construit à prix fait périt en tout ou en partie par le vice de la construction, même par le vice du sol, les architectes et entrepreneurs en sont responsables pendant dix ans.

Art. 2270.

Après dix ans, les architectes et les entrepreneurs sont déchargés de la garantie des gros ouvrages qu'ils ont faits ou dirigés.

DE LA PRESCRIPTION

DE

L'ACTION EN RESPONSABILITÉ

CONTRE LES

ARCHITECTES ET ENTREPRENEURS

---

1. — On connaît la controverse à laquelle a donné lieu l'interprétation des art. 1792 et 2270 du Code civil; les partisans des trois systèmes que nous allons exposer plus loin donnaient libre cours à leurs discussions dans les livres, et rarement, il faut l'avouer, on avait trouvé dans le Code deux articles aussi controversables. Mais la question était résolue en jurisprudence et ce n'était plus qu'avec de grandes appréhensions qu'on entamait des procès relatifs à l'application de ces articles.

Un arrêt de la Cour de cassation vient de remettre tout en litige. Pour être plus clair, nous allons énoncer les faits tels qu'ils vont se produire encore une fois devant la Cour suprême, — qui va trancher le débat toutes chambres réunies.

2. — En 1861, M. le comte de Béarn avait chargé M. Parent, architecte, de restaurer certaines parties du château de Clères; le travail comprenait des grosses réparations qui furent terminées en 1863.

Depuis cette époque, M. Parent avait reçu en plusieurs circonstances des témoignages de la satisfaction de M. le comte et de Mme la comtesse de Béarn, lorsque M. le comte de Béarn étant mort, il fut, le 29 novembre 1873, assigné en référé par

Mme de Béarn, qui prétendait : « Que par suite d'une cause encore inconnue, les poutres composant le plancher haut du rez-de-chaussée et supportant les étages supérieurs, se trouvaient dans un état de décomposition qui réclamait une réfection urgente; » Mme de Béarn concluait, en conséquence, à la nomination d'un expert. Le 4 décembre 1873, il intervenait sur cette assignation une ordonnance de référé, aux termes de laquelle M. le président, après avoir donné acte à M. Parent de ce qu'il se réservait d'invoquer la prescription décennale, nommait un expert, avec mission de faire les constatations demandées.

Le 12 janvier 1875, avant le dépôt du rapport de l'expert, Mme de Béarn assignait M. Parent devant le Tribunal de la Seine en responsabilité des vices qu'elle prétendait exister dans les travaux qu'il avait dirigés.

A cette demande, M. Parent répondait : « Que la prescription décennale libératoire de l'art. 1792 n'ayant pas été interrompue par l'assignation en référé, l'action contre lui introduite était prescrite au jour de l'assignation. »

3. — Ici commence la série de jugements et d'arrêts que nous devons énumérer le plus brièvement possible.

Un jugement du Tribunal de la Seine du 4 février 1876 rejette le moyen de défense de M. Parent, en proclamant qu'une assignation en référé est une citation en justice qui, aux termes de l'art. 2244, interrompt la prescription.

(Dès maintenant, nous délaissons la question de savoir si l'assignation en référé est interruptive de prescription, qui fera l'objet d'un prochain article, et nous ne nous occupons plus que de ce qui fait l'objet précis de cet examen, la prescription décennale et son point de départ.)

La Cour infirma par arrêt du 2 mai 1877. Voici les considérants importants que nous devons retenir :

« Considérant que Parent se fonde sur l'art. 2270 du Code civil, suivant lequel les architectes sont déchargés après dix ans de la garantie des gros ouvrages qu'ils ont dirigés;

« Qu'il prétend que c'est seulement en janvier 1875 qu'il a été cité en justice, et que les gros ouvrages à raison desquels il est attaqué ayant été exécutés plus de dix ans auparavant, en 1862 et 1863, il est déchargé de toute garantie ;

« Considérant qu'il s'ensuit que l'assignation au principal, du 12 janvier 1875, qui se réfère à ces gros ouvrages, a été introduite plus de dix ans après leur exécution ;

« Que, d'ailleurs, l'action en garantie de la veuve de Béarn contre Parent n'est pas recevable ;

« Par ces motifs,

« Infirme le jugement en ce qu'il a rejeté la fin de non-recevoir opposée par Parent à la demande de la veuve de Béarn ;

« Emendant quant à ce, et statuant à nouveau ;

« Déclare acquise à Parent la prescription de dix ans de l'art. 2270 du Code civil.

4. — L'affaire est venue le 5 août 1879 devant la Cour de cassation, qui a cassé l'arrêt de la Cour de Paris précité.

Voici les motifs de l'arrêt de Cassation, le premier rendu en la matière par la Cour suprême :

« Attendu que la demanderesse a conclu devant les juges du fond au rejet de l'exception de prescription proposée par le défendeur ; qu'il ne lui est pas interdit de modifier son système, de plaider et d'invoquer pour la première fois devant la Cour de cassation des considérations de pur droit, que les juges du fond auraient pu eux-mêmes suppléer, pour assigner à la prescription invoquée par le défendeur son véritable point de départ. Au fond, vu les art. 1792 et 2270 :

« Attendu que ces articles, en limitant à dix ans la durée de la responsabilité des entrepreneurs ou architectes pour les gros ouvrages qu'ils ont faits ou dirigés, ne se sont pas exprimés sur la durée de l'action à laquelle cette responsabilité donne naissance au profit du propriétaire ; qu'aucune autre disposition de la loi n'en règle la durée d'une manière spéciale ;

« Attendu que la prescription, ne pouvant atteindre cette action avant qu'elle soit née, ne peut commencer à courir contre elle qu'à la manifestation du vice de construction ; d'où il suit que l'arrêt attaqué, en se fondant pour rejeter comme prescrite l'action formée au principal par la dame de Béarn contre Parent, le 12 janvier 1875, sur ce que la prescription avait commencé à courir contre cette action du jour de l'exécution des travaux, a violé, par fausse interprétation, les textes de loi ci-dessus visés ;

« Par ces motifs, casse et annule, etc. »

5. — L'affaire fut envoyée, par suite de l'arrêt de Cassation qu'on vient de lire, à la Cour d'Amiens, qui s'est prononcée le 16 mars dernier, après avoir entendu nos deux confrères de Paris, Mᵉ Du Buit pour M. Parent; Mᵉ Le Berquier pour Mme de Béarn. (Présidence de M. Saudbreuil, premier président.)

La Cour d'Amiens n'a pas tenu compte de l'opinion de la chambre civile de la Cour de cassation ; elle s'est exprimée, ainsi qu'on va le voir, dans le sens de la Cour de Paris, dans un arrêt énergiquement motivé et dont les arguments sont remarquables de bon sens et d'esprit juridique.

« Considérant, à ce point de vue, qu'il convient de rechercher d'abord s'il y a lieu de distinguer, quant à leur point de départ et à leur durée, entre la responsabilité et l'action qui en découle ;

« Considérant que cette distinction, qui, en elle-même, n'aurait aucune raison d'être, n'est autorisée ni par le texte de la loi, ni par l'esprit qui a présidé à sa rédaction, ni par les précédents de la doctrine ;

« Considérant, en effet, qu'après avoir établi la responsabilité pendant dix ans des architectes et entrepreneurs dans l'art. 1792, le Code civil, dans l'art. 2270, déclare en termes exprès, qu'à l'expiration de ces dix années, l'architecte et les entrepreneurs sont déchargés de la garantie des gros ouvrages, ce qui exclut la pensée que la durée de l'action puisse être prolongée au-delà ;

« Considérant, d'un autre côté, que de l'examen des travaux préparatoires du Code, il ressort manifestement que le législateur n'a entendu rien innover ;

« Qu'il est constant, par les témoignages des autorités les plus irrécusables, que dans l'ancien droit, nulle distinction n'était faite entre le point de départ de la responsabilité et celui de l'action en garantie, et que celle-ci était éteinte lorsque dix ans s'étaient écoulés depuis la réception des travaux;

« Considérant que cette distinction, dont la comtesse de Béarn entend se prévaloir, n'est pas même recommandée par les exigences de la matière, puisque la constatation des vices à raison desquels on réclame doit être immédiate, sous peine de laisser incertaine la date de leur manifestation, et que cette constatation ne peut jamais être mieux faite qu'au cours d'une instance engagée;

« Considérant que c'est à tort, tout à fait arbitrairement du reste, que l'on place le point de départ de l'action en garantie à la manifestation du vice de la construction;

« Que ce n'est pas l'apparition du vice qui donne lieu à l'action, mais le vice lui-même préexistant à sa manifestation extérieure et imputable à l'architecte à titre de faute par lui commise au cours des travaux;

« Considérant qu'il n'est pas moins inexact de dire que, jusqu'à cette manifestation, l'action est enchaînée; que, par conséquent, c'est le cas d'appliquer la maxime : *Contra non valentem agere;*

« Que cette maxime n'a d'application qu'à raison d'incapacité ou d'empêchement d'un tout autre ordre et que la loi a pris soin elle-même de toujours prévoir d'une manière spéciale;

« Qu'il y a une assimilation absolue à faire entre le cas actuel et celui des vices rédhibitoires pour lesquels il est certain que la loi confond la responsabilité et l'action, sans tenir aucun compte de l'époque où le vice a été découvert;

« Considérant enfin qu'il est admis par tous que les art. 1792 et 2270 ont été édictés en faveur des architectes, en ce sens que leur responsabilité aurait pu être étendue à trente ans au lieu de dix;

« Que la situation de l'architecte se trouverait au contraire singulièrement aggravée par le sens que l'on voudrait donner à ces articles, puisque, accordant à l'action une durée de trente ans, et ne la faisant partir que de la manifestation extérieure du vice, cette interprétation pourrait laisser peser le risque de la construction sur la tête de l'architecte pendant quarante ans, tandis que le droit commun le libérerait en trente ans ;

« Considérant que de toutes ces observations il faut conclure que c'est l'action de responsabilité elle-même que la loi a limitée à dix ans, à partir de la réception des travaux ;

« Déclare l'action de la comtesse de Béarn prescrite, aux termes des art. 1792 et 2270 du Code civil, et la déclare, en conséquence, elle-même non recevable dans ladite action.

6. — La solution adoptée par la Cour d'Amiens, et que la Chambre civile de cassation n'accepte pas, est celle que la Cour de Paris a proclamée depuis 1835.

Le tribunal de la Seine déclara, dans son jugement du 30 décembre 1835, qu'aux termes de l'art. 2270 du Code civil, la garantie de l'entrepreneur cesse après le laps de dix ans ; qu'elle se trouve au titre des prescriptions ; qu'il en résulte que les règles ordinaires en cette matière sont applicables à la garantie exercée par le propriétaire contre l'entrepreneur ; que plus de dix années se sont écoulées depuis que les travaux ont été reçus, sans qu'il soit justifié aucun acte interruptif de prescription..., etc.

La Cour confirme par simple adoption de motifs, le 15 novembre 1836.

Même tribunal, 10 janvier 1852 :

« Attendu que rien n'autorise à prétendre que cette prescription s'applique seulement au principe de la garantie, c'est-à-dire à la constatation du fait qui y donne naissance, tandis que l'action elle-même résultant de ce principe, une fois née, resterait soumise, soit à la prescription trentenaire, comme toutes les autres, soit à une prescription de dix ans ;

« Attendu, d'une part, que ces termes de la loi sont clairs et précis et se refusent à cette interprétation ;

« Attendu que la pensée du législateur, révélée dans l'exposé des motifs, y est également contraire ;

« Qu'en effet, l'orateur du gouvernement, M. Bigot, après avoir exposé que l'art. 2270 avait pour objet de régler la prescription en faveur des architectes et entrepreneurs, à raison de la garantie des gros ouvrages qu'ils ont dirigés ou faits, ajoute que le droit commun, qui exige dix années pour cette prescription, a été maintenu ;

« Attendu que rien dans ce langage ne tend à distinguer le principe de la garantie de l'action elle-même ;

« Attendu que l'interprétation qu'on prétend donner à la disposition dont s'agit serait contre le but que la loi propose ;

« Qu'en effet, cette prescription de dix ans a été introduite, en faveur des entrepreneurs, qui, si elle n'existait pas, se trouveraient soumis au droit commun, c'est-à-dire exposés à garantir leurs ouvrages pendant trente ans ; »

Même tribunal, 13 décembre 1856 :

« Attendu qu'aux termes des art. 1792 et 2270, l'architecte et l'entrepreneur sont déchargés de la garantie, s'il s'est écoulé dix années depuis la confection des travaux ; que ce délai expiré, la responsabilité disparaît ; que la condition à laquelle l'exercice du droit était subordonnée se trouve défaillie ; qu'il faut donc, pour que l'action soit recevable, non-seulement que les dégradations se soient produites dans les dix ans, mais encore que l'action ait été intentée pendant ce laps de temps ;

« Attendu que ces articles consacrent une exception au principe que les conventions constituent la loi irrévocable des parties, puisque la réception suppose, de la part du maître de l'édifice, une approbation des travaux opérés, et, par suite, un accord de volontés ;

« Que les exceptions doivent être strictement appliquées ; qu'il faut, pour qu'une condamnation puisse être prononcée contre l'architecte ou l'entrepreneur, que la cause du dommage puisse être précisée ; que la preuve du cas fortuit qui a causé les désordres ou de la négligence qui les a aggravés deviendrait fréquemment impossible, si l'action pouvait être exercée après dix années, si surtout des minorités successives pouvaient indéfiniment prolonger les délais.

« Confirmé par la Cour de Paris, le 20 juin 1857.

7. — Il faut bien le dire, la jurisprudence (*sauf le dernier arrêt de Cassation*) est d'une opinion entièrement opposée à celle de la doctrine : d'un côté la jurisprudence, de l'autre la presque unanimité des auteurs. De plus, M. Duvergier a proposé un système mixte dont nous allons parler. Ainsi, la jurisprudence exige que l'action soit intentée dans les dix ans de la réception des travaux ; la doctrine pense que le vice doit être découvert dans les dix ans de la réception, mais que l'action se prescrit par trente ans à partir de cette découverte ; et M. Duvergier (et ses rares partisans, parmi lesquels M. Testoud, professeur à Grenoble,) est d'avis que le vice doit être découvert dans les dix ans de la réception, mais que l'action se prescrit par dix ans à partir de cette découverte. Voilà donc trois systèmes bien tranchés qu'il s'agit d'examiner, systèmes qui ne sont d'accord que sur un point, parce qu'il n'était pas possible de le contester : le vice doit être découvert dans les dix ans de la réception des travaux.

8. — Nous allons essayer de nous prononcer à notre tour ; nous laissons immédiatement de côté le système de M. Duvergier, qui, s'il aurait beaucoup de chance d'être admis dans une révision du Code civil, n'a été adopté par aucune Cour et a été repoussé en termes énergiques par Troplong et la presque unanimité des auteurs ; ce système, né dans l'imagination très-heureuse de son auteur, a un défaut capital : le législateur n'y a jamais songé.

Dans le choix de notre système, nous mettrons de côté tout argument qui ne sera pas décisif et nous ferons voir comment deux systèmes peuvent s'étayer sur les mêmes raisons, sur les mêmes sources, sur les mêmes discussions du Conseil d'Etat ; ce sera du moins un côté nouveau de ce modeste travail.

On a vu par les motifs de l'arrêt de Cassation quels sont les principaux arguments de ce que nous appelons le premier « *le système dédoublant* ».

Presque tous les auteurs se sont ralliés à ce système : en étudiant les bases sur lesquelles il repose, nous verrons qu'elles ne sont pas aussi évidentes que leur prétention voudrait le faire croire ; et nous serions bien moins sûr de nous si nous n'avions pas vu chez eux les plus flagrantes contradictions.

Nous nous en voudrions de citer à nos lecteurs des extraits des principaux auteurs qui ont poussé la Cour de cassation à l'adoption du système auquel elle vient de s'arrêter.

Entrons de suite dans la discussion.

Et, dès l'abord, voulant étudier les sources, nous trouvons la même discussion que celle à laquelle donnent lieu les articles actuels. Chaque système se prévaut des mêmes arguments.

9. — La Cour d'Amiens dit :

« Que de l'examen des travaux préparatoires du Code, il ressort manifestement que le législateur n'a entendu rien innover ;

« Qu'il est constant, par les témoignages des autorités les plus irrécusables, que, dans l'ancien droit, nulle distinction n'était faite entre le point de départ de la responsabilité et celui de l'action en garantie, et que celle-ci était éteinte lorsque dix ans s'étaient écoulés depuis la réception des travaux. »

De son côté, M. Desjardins, avocat général, dit dans son réquisitoire à la Cour de cassation : « En étudiant les travaux préparatoires, j'aboutis à une conclusion tout opposée. »

Etudions donc en détail les anciens textes relatifs à notre action ; — puis nous résumerons la discussion qui eut lieu au conseil d'État : le tout d'après les deux systèmes en présence, pour qu'on aperçoive bien la difficulté qu'il y a à se fixer par les anciens textes ou par la discussion du Conseil d'Etat.

10. — D'après Troplong, « l'art. 2270 a pour origine la loi 8 au *C. de operibus publicis*.

(Cette loi, dont Troplong cite le texte, porte que les architectes sont responsables de leurs fautes pendant quinze ans à partir de la perfection de l'ouvrage. Mais elle n'ajoute pas que les propriétaires auront tel ou tel délai pour obtenir la réparation du dommage causé pendant les quinze années.)

« Tout le monde est d'accord pour reconnaître que cette loi est le principe de la garantie décennale des entrepreneurs, admis en France avant le Code civil ;

« Et lorsque le législateur a édicté l'art. 2270 du Code civ., il n'a pas entendu faire autre chose que consacrer cette ancienne jurisprudence. M. Bigot en fit l'observation dans son exposé des motifs du titre de la prescription.

« Ainsi déjà, en remontant à l'origine de l'art. 2270, nous commençons à voir l'erreur du système de M. Duvergier. S'il nous accorde que l'art. 2270 reflète la loi 8 au *C. de operib. public.* il sera forcé de reconnaître avec nous que cet article n'a eu en vue que le temps d'épreuve pendant lequel le bâtiment est mis à l'essai, qu'il n'a pas entendu faire autre chose qu'affranchir l'entrepreneur des ruines, pertes et grosses dégradations survenues après les dix ans. »

Cette citation fait donc remonter au droit romain la source de nos articles.

11. — M. Guillouard, professeur à Grenoble, fait la citation suivante :

« Le commentateur le plus autorisé de la jurisprudence du Châtelet, Bourson, s'exprime ainsi : « Quant à la garantie de celui qui a fait bâtir, le maçon et le charpentier sont tenus de garantir la durée de leur ouvrage pendant dix ans, mais non après ce temps, après lequel la garantie cesse (1). »

« Il est manifeste, dit-il, que ce délai de dix ans n'est que le délai de la garantie, c'est-à-dire le délai dans lequel l'accident doit se produire pour que l'architecte soit responsable, mais ce n'est pas le délai de l'action en garantie, une fois l'accident arrivé, et l'ancien droit ne nous fournit aucun renseignement sur la durée de ce second délai. »

12. — Voyons maintenant les citations faites par les adversaires du système de la doctrine :

M. Devilleneuve, dans sa note au Sirey sur l'arrêt de 1836 :

« Nous croyons que le législateur n'a voulu, dans les art. 1792 et 2270, que reproduire et consacrer l'ancienne règle que l'usage avait établie au Châtelet de Paris, et qui consistait à limiter à dix ans, à compter de la réception des travaux, toute action, en

____

(1) Droit commun de la France, liv. VI, tit. II, chap. IX.

garantie contre l'architecte ou entrepreneur. Cette règle est attestée par Desgodets (*Lois des Bâtiments*, 2ᵉ part., p. 96) dans des termes qui semblent avoir servi de type aux art. 1792 et 2270 du Code civ. Les entrepreneurs, maçons et charpentiers, dit cet auteur, sont garants des édifices qu'ils ont construits, chacun à son égard, pendant ledit temps de dix années après leur construction; et les dix années expirées, ils sont déchargés de la garantie.

Comme on le voit, il ne s'agit ici que d'un délai de libération définitive, et non d'un délai pour la prescription d'une action à naître.

A notre avis, la même pensée **a** été transportée dans le Code, et a présidé à la rédaction des art. 1792 et 2270. »

13. — Merlin, en son *Répertoire* (vᵒ *Bâtiments*, VI), parle de la prescription de l'action contre les architectes et dit :

« Quant aux autres ouvriers (autres que les architectes et entrepreneurs) qui contribuent à la construction des bâtiments, ils ne sont garants de leurs ouvrages que pendant un an à compter du jour que leurs ouvrages ont été achevés ; et cette garantie ne s'étend qu'à la façon et à la qualité des matières employées, et non à ce qui peut s'user ou se rompre par violence. »

La prescription annale dont parle Merlin atteint sans conteste la garantie et l'action ; et nous remarquerons que Merlin n'aurait pas manqué de signaler les différences qui existaient entre ces deux prescriptions, si elles avaient existé.

Le « Nouveau Denisart » (*Bâtiment*, § 7) s'exprime ainsi : « Parmi nous, la durée de la *garantie* n'est que de dix ans. » Et il cite Goupi qui, dans un cas spécial, assigne trente ans (au lieu de dix) à l'*action en garantie*. — On aperçoit la confusion faite volontairement par les auteurs de l'action en garantie avec la garantie.

14. — Brodeau (sur l'art. 127 de la coutume de Paris) :

« Comme l'action des maçons se prescrit par un an, à compter du jour de bâtiment parachevé, aussi l'action que le bourgeois a contre eux pour les vices et malfaçons tombe dans la prescription,

elle est de quinze ans pour les gros murs par la disposition de droit
en la loi 8 *C. de op. pub.* La pratique du Châtelet est de dix ans
pour les murs et gros ouvrages, et de trois ans pour les menues et
autres réparations dont les vices et défauts sont visibles, après
lequel temps l'on n'est pas *recevable*, et il n'y a plus de *recours*
ni de *garantie*, parce qu'il peut se faire que la ruine arrive
plutôt par la vieillesse et caducité du vieil bâtiment, que par la
faute de celui qui y a travaillé. »

15. — Ferrière, sur l'art. CXIII de la coutume de Paris (glose
6, n° 23), s'occupe de cette prescription, et voici les termes dans
lesquels il en parle :

« A l'égard du temps pendant lequel les entrepreneurs sont
tenus de garantir les bâtiments qu'ils ont faits, M. Pithou, sur
l'art. 201, dit que la loy *omnes C. de op. pub.* préfinit quinze
ans aux actions pour un bâtiment ou édifice mal fait, et qu'il
se pratique en France pour le regard des vices qui se trouvent
aux gros murs pendant ledit temps et qu'on allègue l'arrêt de
La Vergne et autre à cette fin ; mais qu'à l'égard des menus
ouvrages et réparations que l'usage du Châtelet est d'agir contre
l'ouvrier dans trois ans ; qu'autrement on n'y est plus recevable.

« Néanmoins, on observe au Châtelet que les maçons ne sont
tenus et responsables de leurs ouvrages que pendant *dix ans*. »

« Il résulte de cette citation, dit M. Clamageran (1), que la
responsabilité de l'architecte durait trois ans pour les menus
ouvrages, et dix ans pour les gros ouvrages ;

3° Qu'il s'agissait bien ici non pas seulement du délai de garantie, mais du délai de l'action elle-même ; ce qui est très-impor-
tant à remarquer. »

16. — Les citations faites 1° (par M. Devilleneuve) de Desgodets,
2° (par M. Clamageran) de Ferrière, 3° de Brodeau, tendraient à
nous faire croire que le système actuel de la Cour de Paris repose
en effet sur les antécédents qui ont donné naissance au Code.

Mais les partisans du système dédoublant, ne se contentant
pas de faire remonter leur controverse aux art. 1792 et 2270,

---

(1) Clamageran, du *Louage d'industrie*, p. 104.

l'introduisent dans l'étude des anciens textes, quoiqu'il n'y soit jamais dit d'une façon formelle et par aucun commentateur, que l'action doit être distincte de la garantie ; si cette distinction avait réellement existé, nul doute qu'on n'en eût trouvé une trace dans les auteurs. Il n'en est question nulle part.

Au contraire, pour le système de la Cour de Paris, on peut, dans l'ancien droit, invoquer utilement Ferrière et Brodeau dont la pensée est évidente : ce qui se prescrit, c'est l'action, sans distinction entre la garantie et l'action.

De ces citations diverses, c'est là le seul renseignement véritable que nous puissions retenir : les autres ont pu servir aux auteurs pour élargir le terrain et leur permettre d'élever au sujet des auteurs une controverse absolument identique à celle qu'ont soulevée les art. 1792 et 2270.

Donc, deux auteurs parlent de la question, ils sont pour la Cour de Paris. — Pas un auteur ne fait la distinction entre la garantie et l'action : argument contre la Cour de cassation.

17. — La discussion au Conseil d'Etat va-t-elle nous renseigner davantage?

Nous allons emprunter le compte rendu de la discussion 1° à notre confrère M. Fabre, partisan du système de la Cour de Paris, auquel nous nous rallions complétement ; 2° à M. Desjardins, avocat général à la Cour de cassation, et dont les conclusions ont été conformes à la doctrine de l'arrêt rendu.

18. — A. Compte rendu d'après M. Fabre :

Le projet d'article, qui est devenu dans le Code l'art. 1792, était ainsi conçu :

« Si l'édifice donné à prix fait périt en tout ou en partie par le vice du sol, l'architecte en est responsable pendant le temps réglé au titre des prescriptions. »

La discussion s'ouvre :

« M. Regnauld de Saint-Jean-d'Angely observe que Pothier décharge l'architecte de la responsabilité aussitôt que l'ouvrage a été reçu, et que l'art. 113 (qui est devenu l'art. 1790) semble supposer ce principe en l'appliquant au cas opposé. »

« M. Bérenger dit que l'art. 113 se rapporte à tout ouvrage quelconque, au lieu que l'art. 115 (1792) établit une règle particulière pour les ouvrages dirigés par un architecte. Cette distinction est nécessaire : on peut facilement vérifier si un meuble est conditionné comme il doit l'être, aussi dès qu'il est reçu il est juste que l'ouvrier soit déchargé de toute responsabilité ; mais il n'en est pas de même d'un édifice : il peut avoir toutes les apparences de la solidité et cependant être affecté de vices cachés qui le fassent tomber après un laps de temps. L'architecte doit donc en répondre pendant un délai suffisant pour qu'il devienne certain que la construction est solide. »

Le point de départ de la discussion semble bien précis, il s'agit de savoir si l'on déterminera immédiatement la durée de la responsabilité de l'architecte, ou si la question sera renvoyée, comme le voulait le projet, au moment où l'on discutera le titre de la prescription. On fait observer alors que, d'après Pothier, la réception des travaux, quelle qu'en soit la nature, décharge le constructeur de toute responsabilité : faut-il consacrer cette doctrine ? ou n'y a-t-il pas lieu, au contraire, de décider qu'une distinction est nécessaire ? Quand il s'agit de meubles, la réception couvre tout, soit ! mais peut-il en être de même quand il s'agit d'un édifice ? Non, dit avec raison M. Bérenger : l'architecte ne doit être libéré de la responsabilité qu'au bout d'un certain temps.

Au bout de combien de temps ? Voilà la question posée !

Mais, incidemment, on se demande si la pensée de Pothier était bien réellement de libérer le constructeur d'un édifice par la simple réception, comme il le décidait pour l'ouvrier qui avait fait un meuble.

Et alors :

« M. Réal dit que Pothier suppose que l'architecte répondra de sa construction pendant dix ans. »

« M. Treilhard dit que l'on a toujours suivi le principe consacré par l'article.

« M. Regnauld d'Angely dit que, d'après Pothier, la construction doit être vérifiée et que, lorsqu'elle est jugée solide, l'architecte est déchargé.

« M. Réal dit que la vérification dont parle Pothier a pour objet d'autoriser l'architecte à demander son payement lorsque l'ouvrage est fait d'après les règles de l'article ; mais qu'elle ne l'affranchit pas de la responsabilité à laquelle il est soumis pour les vices cachés, et que le temps seul peut découvrir. »

« On voit bien, dit M. Fabre, que c'est toujours l'interprétation exacte du sentiment de Pothier qui fait l'objet de la discussion ; MM. Réal et d'Angely ne sont pas d'accord sur ce point. Il semble peu probable cependant que Pothier ait entendu qu'une simple réception des travaux pût décharger définitivement le constructeur d'un édifice ; ce serait, dans tous les cas, contraire à l'équité.

« En effet,

« M. Tronchet dit qu'il est des vices que la vérification ne peut faire connaître ;... M. Treilhard dit que la vérification ne porte que sur le plan ; quand ils ont été suivis, le propriétaire est obligé de payer ; mais il ne perd pas le droit de se pourvoir contre l'architecte pour les vices cachés de construction. »

Après discussion sur d'autres points, M. Bérenger ajoute que si « l'ACTION contre l'architecte n'a pas une durée trop longue, le bâtiment ne pourra périr sans qu'il soit évident que la chute a pour cause un vice de construction. »

« Le Conseil fixe ensuite à dix ans la durée de la garantie. »

M. Fabre ajoute que :

Dans le rapport au Tribunat (5 mars 1804), M. Mouricault disait :

« Au reste, cette responsabilité de l'entrepreneur ne dure que dix ans après le travail fait, vérifié et payé. »

Est-il admissible que M. Mouricault ait pu se servir de ces expressions, si à la garantie de dix ans il fallait ajouter encore la prescription de l'action ?

19. — B. Compte rendu d'après M. Desjardins :

« Reportez-vous à la séance du Conseil d'État où fut discuté l'art. 1792. M. Regnauld de Saint-Jean d'Angely venait de faire

observer (Fenet, t. XIV, p. 261) que Pothier déchargeait l'architecte de toute responsabilité, dès que l'ouvrage avait été reçu.
M. Réal dit alors que la vérification dont parle Pothier a pour
objet d'autoriser l'architecte à demander son payement lorsque
l'ouvrage est fait d'après les règles de l'article, mais qu'elle ne
l'affranchit pas de la responsabilité à laquelle il est soumis pour
les vices cachés, et que le temps seul peut faire découvrir.
MM. Treilhard et Tronchet insistèrent dans le même sens.

Ainsi le Conseil d'État, quoique Pothier eût expressément fait
cesser les risques de l'architecte après la réception, reconnaissait
que même sous l'empire de cette ancienne législation une action
en responsabilité, dont la durée n'était pas d'ailleurs limitée par
une prescription spéciale appartenait au propriétaire.

Mais il était plus logique de fixer un délai de garantie; c'est ce
que vont faire les rédacteurs du nouveau code, M. Bérenger et
M. Treilhard, déclarant que l'architecte doit répondre de la solidité de l'édifice pendant un délai suffisant pour qu'il devienne
certain que la construction est solide.

Bref, la discussion se termine ainsi : « Le Conseil d'État adopte
l'article et fixe à dix ans la durée de la garantie... »

20. — Cette discussion du Conseil d'État a donné lieu aux
mêmes controverses que les articles eux-mêmes. La solution de la
question doit dépendre non pas de la façon ambiguë dont le
législateur a formulé sa pensée, mais de l'intention certaine
qu'il a eue en édictant ces deux articles.

Nous laisserons de côté cette phrase de Bigot-Préameneu,
invoquée de part et d'autre :

M. Bigot-Préameneu (Fenet, id., p. 594) s'exprimait ainsi
à propos de l'art. 2270 : « Il restait un cas qu'il convenait de ne
pas omettre, c'est celui de la prescription en faveur des architectes ou des entrepreneurs, à raison de la garantie des gros ouvrages qu'ils ont faits ou dirigés. Le droit commun, qui exige
dix ans pour cette prescription, a été maintenu. »

Elle n'apporte aucune clarté sur la question qui nous occupe;

elle ne peut que l'embrouiller au contraire en nous reportant au « droit commun ».

Qu'est-ce que ce droit commun? Est-ce le droit qui existait lors de la confection du Code? Est-ce, au contraire, la situation de droit commun dans laquelle on se trouverait si les deux articles n'avaient pas été formulés?

Quelle serait donc cette situation de droit commun? — quoique M. Bigot-Préameneu n'ait fait allusion qu'au premier des deux sens sus-indiqués, il n'est pas inutile d'étudier le second point de vue. Nous arriverons ainsi à connaître la pensée du législateur.

21. — Nous nous trouverons alors en présence de cette question accessoire : Les deux articles litigieux ont-ils été faits *pour* ou *contre* les architectes?

Nous allons encore ici rencontrer les plus grandes contradictions dans la jurisprudence elle-même, qui, variant sur ce point, arrive cependant au même résultat, et dans les auteurs, non-seulement chez ceux qui sont d'avis contraire, mais même chez ceux qui admettent le système dédoublant.

Qu'on nous permette de citer tout d'abord l'opinion de Laurent (t. XXVI, p. 69) :

« Il y a des cas où la garantie est toujours due ; le vendeur est toujours garant de l'éviction, à quelque époque que l'acheteur soit évincé ; la raison en est que l'éviction prouve, par elle seule, à quelque moment qu'elle ait lieu, que le vendeur est en faute, en ce sens qu'il n'a pas rempli l'obligation qu'il contracte de rendre l'acheteur propriétaire de la chose vendue ; la garantie ne peut donc être limitée à un certain temps.

« Il n'en est pas de même de la garantie dont l'architecte est tenu. Il répond de sa faute ; d'après le droit commun, il serait affranchi de cette responsabilité par la réception des travaux. »

22. — Donc, voilà un principe bien posé par Laurent : d'après le droit commun, l'architecte serait affranchi de sa responsabilité par la réception des travaux.

La réception des travaux est un *quittus*. L'action *conducti* est éteinte et le propriétaire n'a plus de recours, sauf le cas de fraude : *fraus omnia corrumpit.*

C'est ce que M. Laurent affirme encore dans un autre paragraphe : « L'art. 1792 a précisément pour objet de maintenir la responsabilité de l'architecte, *quoique* les constructions aient été vérifiées et reçues. »

Cependant il n'est pas admis par tout le monde, bien au contraire, que la réception des travaux est un contrat qui déchargerait d'après le droit commun, sans nos deux articles, l'architecte de sa responsabilité. Beaucoup d'auteurs prétendent que ce n'est là qu'un constat que la créance de l'architecte est exigible.

23. — Mais parmi ces auteurs, de nombreuses divergences se produisent pour savoir combien de temps, sans nos articles, durerait l'action contre l'architecte.

Troplong décide qu'à moins d'une loi formelle la garantie est due perpétuellement.

C'est aussi l'avis de...

LAURENT.

On a vu tout à l'heure ce grand juriste nous dire que la réception des travaux mettait fin à toute responsabilité de l'architecte.

Voici maintenant qu'il se contredit d'une façon formelle :

« En limitant la durée de la garantie à dix ans, la loi déroge au droit strict du propriétaire ; celui-ci devrait avoir une action contre l'architecte à quelque époque que l'édifice vînt à périr, à condition de prouver qu'il a péri par la faute de l'architecte ; la loi a limité ce droit à un temps très-court, en se fondant sur des probabilités ; elle ne pouvait pas aller plus loin, et limiter encore l'action en dommages-intérêts, c'eût été compromettre les droits du propriétaire. »

Le tribunal de la Seine, dans son 2e jugement, avait déclaré, lui que « la prescription de dix ans a été introduite en faveur des entrepreneurs qui, si elle n'existait pas, se trouveraient soumis au droit commun, c'est-à-dire exposés à garantir leurs ouvrages pendant trente ans. »

Il est revenu plus tard sur cette opinion, et dans son 3ᵉ jugement sur la matière, il s'exprimait ainsi :

« Ces articles constituent une exception au principe que les conventions constituent la loi irrévocable des parties, quoique la réception suppose, de la part du maître de l'édifice, une approbation des travaux opérés et, par suite, un accord de volontés. »

C'est à cette dernière opinion que nous nous arrêtons; et si on nous répliquait : « mais Bigot-Préameneu a parlé d'une prescription *en faveur* des architectes, » nous répondrions : le législateur, voulant déroger au droit commun en ce qui concernait cette prescription, voulant conserver au propriétaire une action contre l'architecte malgré la réception, au lieu de porter cette responsabilité à trente ans, comme il pouvait le faire, s'est montré favorable à l'architecte en restreignant à dix ans la responsabilité qu'on lui demandait d'établir.

24. — Un des partisans les plus convaincus du système de la Cour de cassation est notre éminent confrère Mᵉ Le Berquier, qui a soutenu à Paris et à Amiens le système que nous essayons de combattre. Mᵉ Le Berquier donne, p. 24 de ses conclusions, un argument qui lui paraît topique;

Bigot-Préameneu dit, à propos de l'art. 2270 :

« Il restait un cas qu'il convenait de ne pas omettre, c'est celui de la prescription en faveur des architectes ou des entrepreneurs, à raison de la garantie des gros ouvrages qu'ils ont faits ou dirigés. Le droit commun, qui exige dix ans pour cette prescription, a été maintenu. »

Alors Mᵉ Le Berquier met en regard de la citation qu'on vient de lire ces paroles prononcées par le même orateur sur l'art. 2257 :

« La prescription est, *par la nature même des choses*, suspendue jusqu'à l'événement de la condition, s'il s'agit d'une créance conditionnelle ; *jusqu'à l'éviction*, s'il s'agit d'une *action en garantie*. »

Cette comparaison devrait, d'après notre éminent confrère, nous convaincre que Bigot-Préameneu, en proposant cette prescription de dix ans pour la garantie, pensait que l'action ne pren

-drait comme point de départ que le moment où le vice serait découvert.

25. — **Veut-on donc** assimiler le vice de construction dont la responsabilité incombe à l'architecte pendant dix ans et la garantie que doit le vendeur en cas d'éviction?

Examinons cet argument et nous verrons qu'il n'est nullement fondé.

Consultons un auteur qui a fait sur le louage un livre remarquable, M. Clamageran :

« Notre garantie ne doit pas être confondue avec la garantie ordinaire, c'est plutôt la continuation de la responsabilité de l'architecte prolongée au-delà de la réception des travaux ; *la garantie véritable n'est pas de la nature du louage.* »

Et en effet, le vendeur est garant de l'éviction, il en est garant à quelque époque que l'acheteur soit évincé : « car, dit Laurent (n° 21 ci-dessus), l'éviction prouve à elle seule que le vendeur est en faute, en ce sens qu'il n'a pas rempli l'obligation qu'il contracte de rendre l'acheteur propriétaire de la chose vendue ; la garantie ne peut donc être limitée à un certain temps... »

Il ne faudrait pas hésiter à soumettre à cette garantie l'entrepreneur qui par spéculation achète un terrain et y construit une maison pour la vendre dès qu'elle est bâtie (M. Bancelin).

Mais il n'y a pas d'éviction en notre matière, l'assimilation est impossible.

S'il y en a une que nous devions faire, c'est une assimilation avec le cas des vices rédhibitoires. Et M. Mourlon nous cite un exemple usuel, celui de la garantie d'une montre fournie par un horloger. Le cas est identique, pour peu qu'on y réfléchisse.

26. — Nos adversaires repoussent surtout notre système parce que « il est contraire à la règle fondamentale en matière de prescription : *actioni non natæ non prescribitur.* »

Pour notre part, nous pourrions nous appuyer uniquement sur l'art. 2251 pour repousser cette argumentation : « la prescription court contre toutes personnes, à moins qu'elles ne soient dans quelque exception établie par une loi », et dire que rien, dans notre cas, ne suspend la prescription.

Mais aux raisonnements fondés sur l'art. 2257, il est facile de répondre que cet article souffre des exceptions; ainsi, quand il s'agit de la garantie pour vice rédhibitoire (art. 1648), il est évident que l'action — laquelle doit être intentée à bref délai — court à partir du moment de la vente et non pas de celui de la découverte du vice.

Remarquons que dans le système de la Cour de cassation on déroge également à l'art. 2257, puisque la conséquence logique de cet article est que la garantie est perpétuelle : or, ici elle est limitée.

Remarquons en outre, comme le dit fort justement la Cour d'Amiens :

Que c'est à tort, tout à fait arbitrairement du reste, que l'on place le point de départ de l'action en garantie à la manifestation du vice de la construction ;

Que ce n'est pas l'apparition du vice qui donne lieu à l'action, mais le vice lui-même préexistant à sa manifestation extérieure et imputable à l'architecte à titre de faute par lui commise au cours des travaux.

27. — Et que l'on ne nous dise pas que les art. 1792 et 2270 sont la répétition l'un de l'autre.

Au chapitre des « Devis et marchés », l'art. 1792 prescrit une durée de dix ans pour l'apparition du vice; cet article est une exception au droit commun qui veut qu'en matière de travaux la réception décharge l'ouvrier ; les exceptions s'interprètent dans leur sens le plus étroit.

L'art. 2270 se trouve, lui, à la section intitulée : « De la prescription par dix et vingt ans. » Il vient après une section intitulée : « De la prescription trentenaire », dont le premier article, l'art. 2262 commence ainsi : « Toutes les actions... sont prescrites par Trente ans... »

La place de l'art. 2270 prouve à elle seule que le législateur n'a pas entendu laisser une action trentenaire au propriétaire contre l'architecte. Que le lecteur veuille bien ouvrir son Code aux art. 2262 et 2270, c'est là une conséquence dont il ne doutera pas un seul instant.

L'art. 2270 n'est pas une répétition de l'art. 1792 : car s'il n'existait pas, le système de la doctrine courrait la chance d'être adopté unanimement par les auteurs et la jurisprudence.

L'art. 1792 dit : la garantie dure dix ans. Il ne s'explique pas sur l'action. L'art. 2270 était nécessaire pour bien préciser que l'action se prescrivait par dix ans.

28. — M. Troplong réfute ainsi notre système :

« Avant d'en finir sur ce point, je m'aperçois que la Cour de Paris a adopté un 3ᵉ système par un arrêt du 15 nov. 1836. Elle veut que le propriétaire soit, après l'expiration du délai de dix ans, non recevable à se plaindre de la ruine survenue pendant ce délai!!! Mais ce système qui, du reste, ne se défend, dans l'arrêt en question, que par des motifs fort légers, est peut-être plus vicieux encore que celui de M. Duvergier. Voyez, en effet, à quel résultat il conduit. Si la ruine est arrivée après la construction livrée, le propriétaire aura neuf années pour faire valoir ses droits. Si elle est arrivée la veille des dix ans, il n'aura qu'un jour!! que dis-je, quelques heures peut-être!!

Il suffit d'énoncer de telles conséquences pour être convaincu que le principe qui les engendre pèche par les règles de la logique. »

Nous réfuterons un auteur illustre par un auteur compétent auquel nous avons déjà eu recours :

« Cette mobilité se retrouve dans le système de nos adversaires sous une autre forme, l'architecte pouvant être poursuivi, tantôt au bout de trente ans ou de dix ans, tantôt au bout de quarante ans ou de vingt ans; je préfère expliquer cette prétendue bizarrerie, moins étonnante qu'elle ne le paraît. La durée de l'action diminue à mesure que l'événement dont elle est née s'éloigne du jour de l'achèvement des travaux; et pourquoi? parce qu'alors la présomption de faute contre l'architecte diminue elle-même et s'efface; quant à la position du propriétaire qui voit l'édifice s'écrouler le dernier jour des dix ans, j'avoue qu'elle m'inspire très-peu d'intérêt : quelques heures, dites-vous, lui manquent pour agir ; l'architecte est dans une situation identique, quelques heures lui manquent pour être à l'abri de toute poursuite. — Clamageran. »

D'un côté, un architecte qui, parce qu'il manque un jour à la dernière année des dix ans, va se trouver responsable pendant trente ans. — De l'autre, un propriétaire qui n'aura plus d'action à exercer parce que, cette action, il faut qu'il l'exerce au moins un jour avant que la dixième année soit expirée, car il lui suffit d'un jour pour lancer l'assignation qui va interrompre la prescription à un moment où il s'en fallait de bien peu pour que l'édifice remplît les conditions voulues pour que l'architecte ne fût plus du tout responsable.

29. — Nous disions que l'architecte va se trouver responsable pendant trente ans.

Notre confrère, M. Fabre cite un cas où cette responsabilité peut être prolongée :

« Un enfant âgé d'un an perd son père et sa mère ; une maison se trouve dans son patrimoine ; elle est construite depuis neuf ans ; des vices de construction se manifestent et sont constatés. La prescription ne courant pas contre les mineurs, ce n'est que vingt ans après qu'elle commencera à courir contre lui, et il aura trente ans pour intenter son action, c'est-à-dire qu'il y aura cinquante-neuf ans que les travaux auront été reçus.

« Ce délai peut être prolongé par des minorités successives. »

Ce cas se présentera rarement ; mais il arrivera souvent que l'architecte qui, *d'après le législateur, est responsable dix ans,* le sera encore après cinquante ans.

Nous renvoyons au système de Troplong ces très-justes paroles (n° 28 ci-dessus) : « Il suffit d'énoncer de telles conséquences pour être convaincu que le principe qui les engendre pèche par les règles de la logique. »

Qu'a donc voulu le législateur ? Éviter les contestations qui se produiraient entre propriétaires et architectes, lorsque le vice ne se serait pas produit dans les dix ans de la réception des travaux, procès qu'il fit bien de prévoir nombreux et désastreux ; les recherches et constatations à faire sont de plus en plus difficiles à mesure que l'on s'éloigne du jour de la réception : c'est pour ces motifs que la loi a fixé expressément un délai de dix ans après lequel les architectes *non actionnés* ne seraient plus responsables.

30. — Nous prenons, dans Laurent lui-même, les raisons qui doivent nous faire persister dans notre opinion première :

« La responsabilité, dit-il, ne saurait durer toujours, car si l'édifice s'écroule après un long laps de temps, ce sera par la vétusté et par le défaut de réparations, et l'architecte ne peut être responsable de ces causes de destruction. S'il y a eu vice de construction, il se révélera plus tôt, dans un délai qu'il est impossible de fixer d'une manière certaine, puisque tout dépend de la gravité du vice ; la loi a dû se contenter d'une limite arbitraire, elle l'a fixée à dix ans... Il eût été injuste de prolonger la garantie indéfiniment ; c'eût été rendre l'architecte responsable d'une faute qu'il serait très-difficile de constater après un long laps de temps... »

Et M. Laurent admet un système dans lequel les *constatations* pourront ne se faire qu'après trente-neuf ans !

31. — M. l'avocat général Desjardins a bien pu dire dans son réquisitoire à la Cour suprême : « Au premier abord, le système adopté par la Cour de Paris séduit par son apparente simplicité ; au bout de dix ans, tout est fini. Mais ce qui est simple n'est pas nécessairement juridique. » Mais ce qui a une apparence juridique n'est peut-être pas ce qu'a voulu le législateur, et rien ne prouve qu'il ait jamais pensé au système défendu par M. Desjardins : s'il en était autrement, on en trouverait sans nul doute la trace dans une discussion quelconque.

32. — On comprend le nombre considérable d'intérêts que va atteindre la nouvelle jurisprudence, si les chambres réunies de la Cour de cassation partageaient l'avis de la Chambre civile. Les architectes n'auraient qu'à demander le vote immé-

diat d'une loi s'exprimant clairement sur la question litigieuse. Toutes ces discussions, d'ailleurs, ne tendent à prouver qu'une chose : la nécessité d'une révision complète des Codes qui devrait comprendre toutes les lois actuellement existantes, pour permettre enfin au législateur de ne plus se servir de cette formule grotesque qui cache son impuissance : « Toutes les dispositions antérieures sont abrogées en ce qu'elles ont de contraire à la présente loi », formule qui a pour résultat qu'on ne sait plus à quoi s'en tenir sur ses droits et ses devoirs, forcé qu'on est de compulser trois siècles de législation pour arriver à les connaître.

Nous ne craignons pas de dire qu'en ce faisant, les pouvoirs publics auront conquis le plus grand titre à la reconnaissance de tous les citoyens.

Disons, en terminant, que le système que nous avons exposé dans tous ses détails est soutenu, outre la jurisprudence, par MM. Massé et Vergé, Perrin et Rendu, Mourlon, Delsol, Devilleneuve, Dalloz, Valette, Clamageran, Rendu, Bablelin, Fabre, etc., etc.

PARIS. — TYP. TOLMER ET Cⁱᵉ, 3, RUE DE MADAME.